Joseph DAGUERRE

VINGT MOIS

AU

SÉNÉGAL

Septembre 1879 à Mai 1881.

BAYONNE

Imprimerie **A. LAMAIGNÈRE**, rue Chégaray, 39.

1881

VINGT MOIS AU SÉNÉGAL

Joseph DAGUERRE.

VINGT MOIS

AU

SÉNÉGAL

Septembre 1879 à Mai 1881.

BAYONNE

Imprimerie **A. LAMAIGNÈRE**, rue Chégaray, 39.

1881

VINGT MOIS AU SÉNÉGAL

SEPTEMBRE 1879 A MAI 1881.

Le 29 septembre 1879, j'arrivai à Toulon, ce rendez-vous de la marine, cette dernière étape d'où l'on s'élance vers les pays d'outre-mer. Ma première visite fut naturellement pour le port ; je voulais au plus tôt voir cette fameuse *Entreprenante*, transport de l'Etat, qui devait me conduire au Sénégal, colonie pour laquelle je venais d'être désigné.

Rien n'est pittoresque comme un port militaire, surtout quand il s'appelle le port de Toulon : ces marins en chemise blanche et collet bleu, jouant des avirons avec la grâce d'une jolie femme maniant l'éventail ; ces immenses cuirassés se balançant, solennels, sur l'eau limpide de la rade ; sur le quai, cette animation toujours croissante, ce va-et-vient de gens affairés dont la grande partie « part toujours le lendemain » ; tout cela contribue à faire de cette ville un vaste caravansérail militaire excessivement mouvementé.

Le 1er octobre était arrivé et, avec lui, mon dernier jour « de France ». Ciel d'Italie, mer splendide, brise rafraîchissante, toute l'ironie d'une nature charmante nous narguait et semblait applaudir à notre départ. Stoïques, cependant, nous levâmes l'ancre, et un coup de canon apprit aux passagers que l'exil commençait pour eux.

Quitter Toulon par la voie de mer, c'est se donner une émotion incomparable. — Ce tableau immense est, comme toute autre chose en France, encore inconnu. On continuera de siècle à siècle à citer avec tout l'acharnement de l'enthousiasme Gênes, Naples, Constantinople, mais personne ne parlera de Toulon, pas même les Toulonnais, qui n'ont pas encore, comme l'a dit un spirituel écrivain, découvert leur ville.

La traversée s'effectua avec la monotonie qui accompagne d'ordinaire toutes les traversées : 18 jours sur un transport de l'Etat n'ont rien d'attrayant, et c'est avec une sourde rage que l'on désire apercevoir un autre horizon que celui de la mer.

Cet horizon si désiré apparut enfin le 18 du mois : terre ! terre ! Christophe Colomb a dû tressaillir d'aise dans sa tombe s'il a entendu le cri joyeux qui annonçait notre délivrance. Il était dix heures du soir lorsque le fanal du gouvernement de Saint-Louis apparut à quatre milles au loin. L'*Entreprenante* stoppa, et le lendemain matin un aviso de la station locale venait nous prendre pour nous mener à terre. Cet aviso était le *Dakar*, que la mer houleuse ballottait avec fureur ; la barre du Sénégal, cette barre célèbre en naufrages, comme l'écueil maudit par Virgile, devait encore nous secouer d'une façon peu encourageante ; je fus « malade » pour la première fois, chose dont mon amour-propre se consola en voyant des officiers de marine, en dépit de leurs épaulettes d'or et de leurs quinze et vingt années de mer, faire comme nous et payer leur tribut à cette affreuse barre.

Nous étions arrivés ; le *Dakar* mouilla à quelques brasses de la terre où nous conduisirent des baleinières montées par des camarades qui venaient nous souhaiter la bienvenue. Le 19 octobre, à midi, nous foulions le sol africain.

Décrire St-Louis, c'est décrire Pompeï, sauf ou avec les ruines, comme l'on voudra. Telle est la principale ville du Sénégal : rues tirées au cordeau, constructions d'une monotonie désespérante.

Les maisons, en effet, vastes carrés de pierres
entourés de galeries, n'ont pas de toîture : des
terrasses faîtières les recouvrent seules, terrasses
qu'on baptise du nom d'argamasses » ; cette
construction bizarre a sans doute été imaginée par
l'intelligence (!) des noirs, afin de faire d'elles de
vastes citernes où, pendant la saison pluvieuse, on
puisse emmagasiner l'eau, pour la conserver jusqu'à la saison sèche.

Un sable rougeâtre, où vos chevilles enfoncent
comme dans de la ouate, emplit les rues, traversées
toutes les cinq minutes par des noirs ou des noires
revêtus de « boubous », vastes draps de lits bleus,
blancs, rouges, dont ils entourent leur visage de
singe ou de guenon, suivant le cas. Marchant en
général pieds nus, on croirait voir des fantômes
glissant sur la terre, si ce n'était le « salamaleck »
dont ils vous gratifient avec une scrupuleuse
exactitude toutes les fois que vous passez à côté
d'eux. Hommes et femmes mâchonnent du matin
au soir, certains disent du soir au matin, un
morceau de bois appelé « sotiou » qui est pour eux
le meilleur dentifrice : l'eau du docteur Pierre
aurait peu de succès à St-Louis.

Il est à remarquer, en effet, que leurs dents sont
d'une blancheur d'ivoire, ce qui tient surtout à
ce que les habitants des pays chauds mangent

froid : fervents partisans du système des compensations.

Le physique des noirs de St-Louis, ou pour parler exactement, des « Yolofs » ne tenterait pas le pinceau de mon compatriote M. Léon Bonnat : cheveux crépus et souvent complétement rasés ; yeux sans expression, dont le blanc, dans cette masse noire, fait l'effet de deux morceaux de blanc d'Espagne sur du charbon ; nez épaté, à la manière des Patagons ; bouche béante et laissant toujours voir (la coquetterie n'y est, hélas ! pour rien) trente-deux grosses perles déposées sur l'ocre de gencives saignantes.

Le type de la femme ressemble exactement à celui de son compagnon, avec la seule différence que les cheveux descendent en tresses fines, et qu'ils rappellent assez des bouts de cordes scrupuleusement goudronnées. Elles portent leurs enfants à cheval sur le dos, ce qui doit développer de bonne heure chez les petits noirs le goût de l'équitation....

Les yeux des femmes sont très-beaux en général et la prunelle semble de velours noir : mais les traits grossiers, la démarche disgracieuse et surtout l'odeur qu'exhale le « beurre de Galam » dont elles se couvrent en guise d'opopanax, font de l'Eve du Sénégal une créature, hélas! peu séduisante. Quant au noir, c'est un singe perfectionné, et duquel notre première mère aurait certainement refusé de recevoir une côte.

La ville de St-Louis, chef-lieu de nos possessions du Sénégal, est bâtie sur la rive droite du fleuve et le bord de la mer, sur une bande de sable formant îlot, longue d'un peu plus de 2000 mètres et large de 150 à 200.

Depuis le jour où, en 1637, elle fut fondée sur cette côte déjà illustrée par les marins dieppois qui l'avaient couverte de leurs établissements, c'est là que sont restées établies les principales maisons de commerce de la colonie et que réside le gouverneur.

St-Louis est peu riche en monuments : le Palais, la Mairie, vieille maison délabrée, l'Église, dont la nudité appelle la générosité des bienfaiteurs français ; la Mosquée, église des noirs, où l'on n'entre que les pieds nus ; enfin l'Hôpital, tels sont les monuments de la capitale, Ce dernier, immense bâtiment troué de mille fenêtres, étend ses quatre ailes au bord du fleuve. Sa position défavorable à la santé des malades a été souvent critiquée par des hommes compétents, à l'avis desquels nous ne pouvons que nous ranger. Baigné, en effet, par les eaux plus ou moins marécageuses du fleuve, il reçoit les exhalaisons fétides qui émanent de ses bords fangeux , surtout pendant la saison sèche, époque à laquelle le fleuve est presque complétement à sec.

La fièvre jaune de 1878, ce terrible fléau qui a sévi avec une intensité extraordinaire, principalement à St-Louis, a fait de cet hôpital un foyer de miasmes délétères, et il est aujourd'hui peu encourageant d'y entrer, même pour un simple mal au pied, car l'on est exposé à y contracter le germe d'une maladie plus grave, puisque cette maladie est souvent la fièvre bilieuse, cette cousine germaine de la fièvre jaune.

Quoique je ne sois pas « du métier ». il me paraît absolument indiqué qu'on devrait raser cet hôpital afin d'en construire un nouveau dans une toute autre situation. Pourquoi, en effet, ne pas choisir par exemple, le « Camp des Chameaux », pointe en aval de St-Louis et s'avançant dans la mer, ou encore Guet-N-Dar? L'air salin remplacerait cette atmosphère viciée du fleuve, et les malades humeraient la santé en aspirant cette brise saine et fraîche. Cet avis, je le répète, a été donné depuis longtemps par des hommes de l'art : j'espère, pour ma part, tout en souhaitant vivement pour mes collègues destinés à servir à St-Louis, ce changement qui s'impose, ne jamais être appelé à comparer la nouvelle installation de l'établissement futur avec celle de l'hôpital actuel.

Quant au Palais du gouverneur, qui rappelle beaucoup la pagode chinoise, il attire tout de suite le regard de l'étranger par sa position pour ainsi dire insolente au milieu des maisons plus modestes qu'il domine. Un jardin, dont le gouverneur et Mme Brière de l'Isle cueillent avec amour les produits et suivent les progrès, entoure le Palais : ses arbres, constamment arrosés, donnent une ombre précieuse aux passants; des bêtes du désert en grand nombre (je ne parle pas des noirs), rappellent un coin du Jardin d'Acclimatation, car l'autruche y fait voir son long col et admirer ses belles plumes : le cicorre y allonge son fin museau : la girafe, à l'œil halluciné, y « grandit » tous les jours; mille oiseaux du pays, dont les couleurs chatoient au soleil des tropiques, s'y ébattent dans de vastes cages : ce jardin est un oasis dans le désert des rues.

Le « Prado » de St-Louis est Guet-N-Dar. Séparée de la ville par un pont traversant l'un des bras du fleuve, cette promenade est plantée de cocotiers dont les fruits se balancent aux branches par groupes de dix à douze, comme d'énormes œufs de Pâques en carton. Le coco renferme une liqueur blanchâtre, dont le voyageur du Sahara fait ses délices au milieu des sables brûlants.

L'avenue de Get-N-Dar mène à la mer : cette promenade est très-fréquentée de 5 heures à 6 heures, tant par les officiers que par leurs femmes, qui viennent y chercher tous les soirs, après l'accablante chaleur de la journée, les bouffées d'une brise consolante et reposer sur le bleu de la mer leur vue fatiguée par la réverbération des maisons chauffées à blanc. Toute la population européenne est alors concentrée dans ce coin de St-Louis, et les bancs de l'avenue, méchamment surnommés « bancs de charité », sont les témoins de tous les petits cancans qui font, surtout aux colonies, la vie de la femme. Le gouverneur lui-même ne dédaigne pas d'y venir tous les soirs, et d'y semer à droite et à gauche, particulièrement dans le clan féminin, de nombreuses poignées de main. Vers 6 heures, les cancans cessent (jusqu'au lendemain) et les femmes regagnent leur logis, tandis que les officiers et les fonctionnaires vont à leur cercle s'ennuyer en collaboration et sacrifier à la dame de pique.

Puisque nous avons parlé du gouverneur, rendons-lui ce qui lui est dû, comme on rend à César ce qui est à César. Malgré l'arbitraire presque absolu dont il fait preuve tous les jours, malgré l'autocratie sous laquelle plie le Sénégal en pleine République de 1881, reconnaissons qu'il est hospitalier et que les salons du gouvernement s'ouvrent pendant une partie de la bonne saison, c'est-à-dire de décembre à février, aux officiers et négociants de St-Louis. C'est là une grande distraction, puisque chacun se rappelle alors, aux accords d'une valse entraînante ou d'une polka bruyante, les soirées de France ! Je n'ai pas besoin de dire avec quel entrain hommes et femmes répondent aux invitations gracieuses de M. et Mme Brière de l'Isle.

Celle-ci est créole et cache sous des dehors modestes une grande énergie jointe à des facultés très-sérieuses. Aimable pour tous, avenante pour les étrangers, Mme Brière de l'Isle est la Providence des indigents, et on peut prévoir que, lorsqu'elle quittera définitivement St-Louis, plus d'un regrettera sa bienfaisance et pleurera son départ.

M. Brière de l'Isle, colonel d'infanterie de marine, aujourd'hui général, occupe les fonctions de gouverneur depuis 4 ans 1/2 : caractère fortement trempé, autocrate trop absolu, il veut que tout et tous subissent son joug. Il se croit toujours à la tête d'un régiment, faisant défiler devant lui, par le flanc droit et par le flanc gauche, toutes les volontés.

Mais l'heure du bal est arrivée : le flot des officiers monte, monte toujours, et les épaulettes brillantes se marient avec grâce aux toilettes claires de ces dames. La musique militaire (le gouvernement ne se prive de rien), massée en rond sur la galerie qui entoure les salons, jette au vent la polka de Farbach, et les ah! ah! ah! célèbres de cette danse entraînent les couples dans de joyeux tourbillons. Au fond de la salle est assise la maîtresse de maison, au milieu d'une corbeille de blanches, tandis que plus loin se tiennent, ahuris et solennels, des rois noirs aux costumes chamarrés.

Dans le salon de jeu, le gouverneur, ceint de l'écharpe de général de division, vient de temps en temps jeter un coup d'œil sur le tapis vert, qui est très-entouré. Les dames trouvent avec raison que la dame de pique est une rivale redoutable !

Dans le troisième salon, un vaste billard offre aux amateurs les récréations du carambolage Vers minuit, l'officier d'ordonnance organise en général un modeste cotillon, et il est charmant de voir ce cercle de jeunes femmes dont la blancheur tranche avec une si écrasante supériorité sur les visages d'encre des susdits noirs. Quand on est arrivé au moment où la température du salon marque 80°, on consent à se retirer : c'est alors que les mères maudissent l'absence du fiacre si méprisé en France, ce fiacre qu'on paierait au poids de l'or pour préserver de l'atteinte du sable jaune les escarpins satinés de ces demoiselles. O habitants de la France, ne méprisez rien : vous pourriez être un jour appelés au Sénégal.

L'heure tardive (ou, si l'on veut, matinale), à

laquelle se couchent ces dames ne les empêche pas de se rendre, le dimanche matin, à la messe de 7 heures, comme d'habitude ; et, à la sortie, on peut voir des yeux fatigués luttant avec le sommeil qui réclame ses droits, pâle et les joues émaciées, la danseuse de la veille traverse la place du gouvernement, son livre à la main et ses cheveux flottant en grappes d'or sur le dos, nouvelle Marguerite cherchant vainement des yeux un nouveau Faust ; le Sénégal n'est pas une terre où pousse facilement l'amour !.....

Cette sortie de l'Église, quoique moins tapageuse que celle de Saint-Augustin, attire beaucoup de curieux, composés en grande partie de la gent « gommeuse » de l'endroit, jeunes gens voulant singer les Européens dans leur démarche, leurs costumes, leur manière de parler, et se permettant des appréciations, quelquefois même des observations sur les toilettes qui défilent devant eux. Rien de plus grotesque, du reste, que de voir ces « messieurs », noirs comme l'horizon politique, s'habiller à la « Dussautoy », porter des pantalons « pieds d'éléphant », poser en casseurs leur chapeau sur l'oreille, et fumer des cigares, sinon aussi exquis, du moins aussi gros que ceux savourés par nos élégants du boulevard.

Ces jeunes gens ont, pour la plupart, reçu chez

les Frères l'instruction primaire et sont, vers l'âge de 18 à 20 ans, employés dans l'administration de la marine, (étant aussi pleins de bonne volonté que de fatuité), administration qu'ils s'empressent de quitter lorsqu'elle les a suffisamment dégrossis. Elevés dans le culte catholique, ils conservent naturellement les principes de cette religion, ce qui ne les empêche pas le soir, en rentrant dans la case occupée par leur famille, d'assister au *salam*.

Je m'étais déjà fait à cette vie pleine de monotonie en me résignant à cette existence végétative pour deux ans, lorsque je reçus l'ordre d'aller « continuer mes services » à Dakar, suivant la formule officielle. Je devais embarquer sur l'un des avisos qui relient St-Louis à Dakar : l'horrible perspective du mal de mer s'offrait donc encore à moi !

Dakar et St-Louis sont desservis par trois avisos de l'État affectés au transport spécial des passagers. Le *Castor*, le *Jaguar* et l'*Alecton* se disputent l'honneur de conduire dans ces deux localités les passagers à destination de France, ceux regagnant St-Louis et venant de Bordeaux, les conseillers généraux se rendant à leurs sessions annuelles ou semestrielles, les convalescents dirigés sur l'hôpital de Gorée, etc.

Un quatrième aviso est venu renforcer la station

2

locale : le *Laprade*, provenant des chantiers de
St-Denis (Seine) offre aux divers passagers tout le
confortable relatif que peut avoir un bateau de
cette grandeur, et l'amabilité d'un capitaine toujours prêt à vous rendre service. Point essentiel à
noter , car le capitaine est une puissance au
Sénégal.

J'embarquai donc le 4 mars sur le *Castor*, en
compagnie de nombreux officiers, les uns destinés
à Dakar , les autres, plus heureux , regagnant
Bordeaux. Le bateau qui nous emportait est un
rouleur de premier ordre : c'est dire que tous ,
officiers du bord comme civils, furent pendant les
15 heures que dura la traversée, en proie à la plus
affreuse des souffrances : les uns, courbés sur les
cordages, racontaient leurs malheurs aux poissons ;
d'autres, vautrés sur les bastingages, cherchaient
un adoucissement à leur peine en regardant la
lune qui, comme un point sur un I, dominait l'île
de Gorée qu'on apercevait dans le lointain ;
d'autres enfin, tiraillés par la douleur, rappelaient
par leur attitude horizontale le célèbre tableau de
Laurens, représentant l'esclave sur lequel Néron,
aidé de son amie Locuste, a essayé le poison , et
qui roule à ses pieds tordu par les convulsions
d'une atroce agonie.

Enfin cette orgie de maux de mer cessa à la vue

de la côte de Dakar, qui nous apparut comme un vaste désert aride, et nu comme le discours d'un académicien (excepté quand cet académicien s'appelle Labiche).

Nous accostames à quai le 5, pâles et fatigués ; les habitants de Dakar durent penser aux survivants de la Méduse, foulant le sol de leur ville (!) en 1816. Notre première impression sur Dakar était la vraie : aridité et solitude. Ça et là quelques habitations ne rappelant en rien celles des environs de Paris, et ombragées par de rares palmiers dérisoires courant l'un après l'autre : l'effet est à peu près celui que présenterait un vaste désert de sable dans lequel on aurait planté des plumes d'oie.

Deux bicoques, décorées du nom pompeux de « restaurants » offrent aux arrivants une hospitalité douteuse autant que coûteuse : mais il n'y a pas à choisir.

Le type des habitants est analogue à celui de St-Louis : même coupe de visage, mêmes cheveux roussis au feu, mêmes cordes goudronnées sur la tête des femmes : je tombais décidément de Charybde en Scylla !

Résigné encore, je me mis au travail, car l'individu désœuvré, ici, est bientôt conduit à l'hôpital, d'où, quelques jours plus tard, au

cimetière : l'ennui, au Sénégal, comme le soleil,
tue ceux qui ne se préservent pas de ses atteintes.

Dakar se compose du quartier européen et du
village noir. Celui-ci est formé de trois à quatre
mille paillotes, espèces de ruches à miel, cases en
paille, abritant toute une nichée de noirs et de
négresses ; ignoble cour des Miracles où grouillent
des enfants à la mamelle, des femmes complètement nues, des hommes vautrés sur le sol et
fumant silencieusement leur pipe, ne pouvant
fumer leurs terres. Pour animer ce paysage désolé,
quelques baobabs, arbres classiques du Cap,
entièrement dépouillés et dont les tons grisâtres se
fondent dans la teinte générale de ce tableau
mélancolique.

Quand vient l'heure du repas, tous, hommes,
femmes, enfants, viennent se réunir autour d'une
calebasse remplie le plus souvent de poisson avarié
et de riz gâté ; le chef de la maison récite le
Salam, de même que dans nos colléges, le
supérieur appelle sur les convives, par le
Benedicite, la bénédiction de Dieu. Alors, tous
les assistants, dans la position des tailleurs,
mettent la main au plat et, se servant de leurs
cinq doigts en guise de cuillers et de fourchettes,
retirent de la calebasse, à tour de rôle, une portion de ce mélange sans nom ! Le cœur se soulève

à la vue de ces agapes primitives, et on se retire navré, en songeant aux progrès apportés par la civilisation dans ce monde noir, si peu fervent adepte des immortels principes de... Brillat-Savarin ! Lorsque le repas est terminé, c'est-à-dire quand la calebasse est vide de mets , mais pleine de salive (Zola, je te salue !), tout ce petit peuple s'allonge, qui sur le sol, qui sur des nattes , et Morphée vient jeter la graine de ses pavots sur ces sommeils digérants.

Une des choses les plus bizarres au Sénégal , et qui éveille la curiosité de tous les étrangers, c'est le tam-tam, ou, par extension, la danse des noirs.

Le tam-tam est un madrier creusé en forme de cylindre de 1 mètre de hauteur. L'orifice supérieur est recouvert d'une peau d'âne, la seule en usage parmi les jeunes diplômés de l'endroit.... Cette danse est provoquée généralement par un mariage, une fête quelconque, un anniversaire, etc.... Après s'être rangés autour de « l'orchestre », qui se tient au milieu, et avoir formé un cercle parfait, la danse commence, comme dans les *Noces de Jeannette* : les femmes battent des mains, accompagnement nécessaire, et alors c'est une orgie de contractions musculaires, d'entrechats lascifs, de regards levés au ciel, de furieux trépignements ; le tam-tam va *crescendo* , et après dix minutes d'une fureur épileptique, les danseurs tombent, épuisés, et vont rejoindre les assistants, « après avoir été félicités par un grand nombre de leurs collégues. » Souvent un blanc, entraîné par le tourbillon, et cédant au désir de danser, se mêle aux entrechats et essaie un « pas » à la sénégalaise. Alors ce sont des rires sans fin, des ovations, des applaudissements de cette foule en délire, fière de voir des blancs prendre part à leurs jeux.

Le tam-tam cesse au coucher du soleil, pour reprendre ensuite, après le repas, avec une ardeur nouvelle, jusque vers minuit. Quand la lune s'est levée, l'effet produit par ces draps de lit dansants est des plus fantastiques : on dirait un immense ballet de gnômes....

Il est alors curieux de voir les danseurs quitter le profane pour courir au sacré, et se rendre tous dans leur mosquée pour y chanter les louanges d'Allah, « qui seul est grand. » Ce monument (!) se compose d'un arbre gigantesque, paraissant blasé de recevoir les hommages d'un culte dont il dédaigne les solennités ; une muraille formant un carré et s'élevant à deux mètres de hauteur environ englobe le « parvis » de ce temple en plein air, où, trois fois par jour, les danseurs se réunissent avec leurs marabouts (le marabout est le prêtre et le médecin des noirs). Ceux-ci entonnent alors,

sur un ton aussi monotone que monocorde,
de plaintives jérémiades qui certainement devaient
autrefois faire tressaillir, dans les bois sacrés,
les divinités des Druides. Tous ont les yeux fixés
sur le « lutrin » improvisé et imitent les gestes du
chanteur, dont les courbettes, les salutations, les
baisers à terre dépassent le calcul.

Rangés en bataille, il faut les voir obéissant au
même signal, se prosternant la face contre terre et
se relevant avec l'empreinte du sable jaune sur le
front et sur le nez : c'est un « mercredi des
cendres » continuel. Tout blanc est exclu de ces
cérémonies. *Odi profanum vulgus !*

La construction de l'église de Dakar date de
l'année dernière : c'est une grande maison surmontée d'une tour octogonale et dont l'intérieur
est absolument nu. Le Père Lossédat, curé du
village et Procureur de la mission établie à Dakar,
est un homme qui a déjà vu ici 30 canicules et
dont la santé ne semble pas avoir été éprouvée
par le terrible climat sénégalais. Plusieurs Frères,
dirigeant l'école chrétienne, ainsi que quelques
Sœurs de l'ordre de St-Joseph de Cluny supportent
également les ardeurs du soleil avec un calme
stoïque : tant il est vrai qu'on peut, suivant l'expression populaire, faire de vieux os à Dakar
comme à St-Louis, à la condition d'avoir une bonne

hygiène. Toute boisson forte, tout excès, tout travail fatigant doivent être évités avec scrupule. Le corps doit devenir une horloge dont chaque fonction de l'existence marque les heures. Quant au soleil et à ses rayons brûlants, il commande absolument l'achat d'un casque et d'une ombrelle : cela fait « marcher » le commerce, et vous préserve des insolations, ce charmant « produit » de cette région de l'Afrique.

Avec les insolations, poussent aussi les bananiers, les cocotiers, les palmiers, etc..., arbres dont le fruit savoureux fait le bonheur des nouveaux venus de France, et sur lesquels ils se jettent avec une voracité qui rend inutile pour longtemps tout « losange purgatif. »

Nous ne parlerons pas de la flore du Sénégal : il ne faut jamais médire des absents. Les fleurs, du reste, en refusant d'y paraître, sont en cela plus intelligentes que les Européens ; ça et là, seulement, quelques aubépines dont la blancheur se détache avec grâce sur la poussière jaune des chemins.

Mais la chasse, dira-t-on ! Disciple peu fervent de St-Hubert, je n'ai pas été souvent à la recherche du gibier, qui abonde dans les environs : Bel-Air, Ouakan, le camp des Madeleines, surtout Rufisque forment la Sologne du Sénégal. Aussi n'est-il pas

rare de voir, le matin au lever du soleil une caval-
cade d'officiers partant en guerre contre un chacal,
une biche, ou, plus modestes, contre d'inoffen-
sives cailles ou bécassines qui font, le soir, les
frais du dîner de la « popote » : chacun alors
raconte ses exploits, et je dois malheureusement
constater que M. de Crac a laisé à Dakar de nombreux héritiers.

Il est arrivé souvent, en effet, que le chacal
aperçu par un des chasseurs était tout simplement
le chien de son compagnon, et que, en voulant
tirer sur une caille, l'un d'eux a vu tomber à ses
pieds, un magnifique coco, dont il s'est empressé,
pour la peine, de boire le lait.

Quant à la pêche, les amateurs de ce passe-
temps ont amplement de quoi satisfaire leur goût :
la rade abonde en poissons de toutes sortes, depuis
la vieille jusqu'à l'excellent homard. Ce crustacé
figurerait avec vérité dans les armes de Dakar,
puisqu'il marche, comme le progrès, à reculons.
On trouve aussi quantité de bonnets-flamands, que
les anciens appelaient, je crois, « poumons-
marins. » Ce poisson, formé d'une substance
glaireuse, ressemble assez à un champignon. Son
chapiteau a un mouvement de contraction et de
dilatation par le moyen duquel il avance très-lente-
ment.

La galère est de la même substance, mais paraît douée de plus d'intelligence et de malignité. Son corps est une espèce de vessie ovale, surmontée dans sa longueur, d'une crête qui est toujours hors de la mer, dans la direction du vent. Quand le flot renverse ce poisson, il se relève fort vite et présente toujours au vent la partie la plus ronde de son corps.

Le poisson-volant est fort commun entre les deux tropiques : il est de la grosseur d'un hareng : il vole en troupe, et d'un seul jet, aussi loin qu'une perdrix ; il est poursuivi dans la mer par les poissons et dans l'air par les oiseaux. Sa destinée paraît fort malheureuse de retrouver dans l'air le danger qu'il a évité dans l'eau : mais tout est compensé, car souvent aussi il échappe comme poisson aux oiseaux, et comme oiseau aux poissons.

L'encornet est une petite sèche qui a la faculté d'obscurcir l'eau en y versant une encre fort noire. Est-il appelé ainsi parce qu'il semble porter un cornet renfermant cette encre ? Renvoyé aux naturalistes.

Nous arrivons au tigre de la mer, au requin. J'en ai vu un mesurant dix pieds de long. La nature lui a donné une vue très faible. Il nage fort lentement par la forme arrondie de sa tête, ce qui, joint à la position de sa gueule qui l'oblige de se

tourner sur le dos pour avaler, préserve la plupart
des poissons de sa voracité. Il n'a ni os, ni arêtes,
mais des cartilages, ainsi que tous les poissons de
mer voraces, comme le chien de mer, la raie, etc.,
qui, comme lui, voient mal, sont mauvais nageurs
et ont la bouche placée en bas ; ils sont, de plus,
vivipares.

Les mâchoires du requin sont armées de cinq à
six rangs de dents, en haut et en bas. Elles sont
plates, tranchantes sur les côtés ; aiguës et taillées
comme des lancettes. On l'amorce avec de la chair
embrochée d'un croc de fer. Avant de le tirer de
l'eau on lui passe à la queue un nœud coulant, et,
lorsqu'il est sur le pont et qu'il s'efforce d'estropier
les noirs, on la lui coupe à coups de hache. Cette
queue n'a qu'un aileron, taillé comme une faulx.
La chair de ce poisson, fiévreux comme les marais
du Sénégal, a un goût de raie, avec une forte odeur
d'urine. Il n'a décidément pas de chance !

A Dakar, les deux appontements sont couverts,
du matin au soir, de petits noirs, tenant à la main
une ligne des plus primitives ; cette ligne,
séparant deux imbéciles, retire toutes les minutes
un poisson que le pêcheur s'empresse d'aller
vendre au village. Ses prétentions sont souvent
exagérées, mais elles diminuent tout-à-coup, dès
qu'on les menace de la voix et surtout du geste :

vous pouvez alors avoir pour cinquante centimes une langouste dont il vous avait demandé d'abord trois francs.

Un des grands amusements des nouveaux venus au Sénégal, tant à St-Louis qu'à Dakar, est la pêche au sou : on jette dans l'eau de nombreux sous à la vue d'une foule de petits noirs ahuris. Aussitôt, se débarrassant de la simple ceinture qui entoure (quelquefois) leurs reins, ils se précipitent dans la mer, à la recherche de la bienheureuse monnaie, et après quelques secondes d'excursion sous-marine, ils reparaissent vainqueurs, avec les cinq centimes dans la bouche.

Mais malheur à vous pour le reste de votre séjour : ils vous ont reconnu, coté, et dorénavant vous êtes le « bon blanc » ; il vous faut désormais leur jeter de l'argent à chaque instant pour être à la hauteur de cette réputation ruineuse : petits vampires qui vous sucent tout vivant !

On se fait souvent entre officiers cette demande : « Aimez-vous mieux St-Louis que Dakar, ou réciproquement ? » En laissant toute latitude au goût de chacun, je me prononce personnellement, et sans la moindre hésitation, pour Dakar : horizon étendu, verdure, ombre, nous avons de quoi nous rappeler la France, tandis que St-Louis, lui, se contente d'avoir pour horizon le fleuve boueux, et pour distraction la promenade du pont de Soor, en attendant qu'on le franchisse une dernière fois, car il mène au cimetière.

Parmi les bien rares distractions qu'offre Dakar, il faut placer en première ligne l'arrivée des paquebots, soit de France, soit d'Amérique. Celui qui vient de Buenos-Ayres, Montevideo, Rio, en un mot celui « du Sud », étant toujours en quarantaine par mesure de salubrité publique, est moins bien accueilli, c'est-à-dire attendu avec moins d'impatience que celui de Bordeaux. On le comprendra facilement, car à l'absence de nouvelles vient s'ajouter l'interdiction de monter à bord.

Le paquebot de France, au contraire ! Au jour présumé de l'arrivée, (les 14 et 29 de chaque mois) tout le monde est sur pied de bonne heure , tous les regards sont tournés vers la rade et le mot « Est-il signalé ? » est répété mille fois. Officiers, fonctionnaires, négociants, tous attendent avec fièvre des nouvelles. Quel est le malheureux, en effet, que ce mot « lettres du pays » ne fait pas bondir d'impatience d'abord, de joie ensuite ! Celui-ci attend des lettres de la famille ; celui-là a hâte d'apprendre des nouvelles d'une santé qui lui est chère et qu'il a laissée là-bas, là-bas dans un coin de la France ; d'autres enfin, plus pratiques et plus positifs, veulent connaître le cours de la Bourse, autant que le prix des arachides à Bordeaux ou à Marseille ; tous enfin ont un intérêt capital à ouvrir une lettre timbrée de France, car l'argent, comme l'amour, fait tous les jours des victimes : *auri sacra fames !* Ne pourrait-on pas dire avec autant de vérité : *Amoris sacra fames !*

Ah ! c'est que, aux colonies, l'on a soif de nouvelles ; abandonnés sur une terre inhospitalière, quel bonheur de relire une écriture aimée et de se représenter, blottie près du feu, ses petits pieds sur les chenêts, et les yeux fixés sur la flamme bleue du foyer, une blonde enfant laissée au pays et pensant à votre exil ! Quelle douce joie de connaître le « nouveau » de son village, ces petits détails qui vous font vivre de la vie de famille, qui vous initient aux affaires de vos amis, même jusqu'aux inévitables cancans, au courant desquels vous mettent avec amour une sœur charitable ou une cousine bavarde ! Il faut avoir mangé le pain noir de l'exil pour se faire une idée des privations journalières que l'on subit, tant au moral qu'au physique ; alors, on se rendra compte de la précipitation avec laquelle on court au guichet de la poste, et de la volupté avec laquelle on décachète brusquement une lettre si longtemps attendue !

J'ai parlé de paquebot, ce monde en raccourci,

cette immense machine qui transporte heureux et malheureux ; où se coudoient le bonheur et les larmes ; où l'amour de l'or a amené tel passager à la recherche d'un héritage ; où la misère a entraîné tel autre, séduit par de brillantes promesses et les horizons dorés de l'Amérique ; ce paquebot où cette jeune femme, vêtue de noir et les yeux rougis par les pleurs, va recevoir les adieux d'un père mourant ; où telle autre, plus heureuse et ayant, dans la loterie de la vie, amené un bon numéro, court vers un fiancé impatient !

Rien de plus curieux, de plus intéressant, que le contraste, presque cruel, qui existe entre l'*avant* et l'*arrière* d'un paquebot. Ici, salles à manger confortables, propreté flamande, politesse des garçons (chose tellement rare qu'elle est à noter), bref, vous y êtes entouré de tous les accessoires nécessaires pour un long voyage. La Compagnie des Messageries maritimes met tout en œuvre pour satisfaire les passagers et leur faire oublier les longues heures d'une assommante traversée. Ajoutons, chose importante, que la nourriture ne le cède en rien au confort, et que Lucullus, tout en ne dînant pas chez Lucullus, dînerait cependant très-bien chez son voisin le capitaine du paquebot.

Mais à l'avant ! Un ramassis de Portugais déguenillés, d'Italiens peu harmonieux, de Bohémiens dégoûtants, panachés de Français pas beaucoup plus propres, le tout grouillant, mangeant, chantant au milieu de bœufs qu'on abat, de moutons qu'on égorge et de lapins qu'on dépèce ! Cette foule avinée, assistant avec un âpre plaisir à cette orgie de sang, et, tout en jetant à la victime (*vœ victis !*) des tessons de bouteilles et des écorces d'oranges, donnant des encouragements aux bouchers ; ce gaillard d'avant encombré de Basques, jouant sur un tapis fait d'huile et de graisse avec des cartes certainement maniées par Charles VI ; cette bande de jeunes filles, dont les dix-huit et vingt printemps sont déjà fanés par la débauche et dont le vice a flétri la beauté, allant demander à la prostitution un salaire que leur paresse les empêche de gagner par le travail ; des souteneurs, gens sans foi ni loi, gardiens de ce troupeau de femmes. Dans un coin, un « flirtage » entre une Portugaise aux yeux ardents et un Basque au béret bleu ; ils ne se comprennent que par signes, mais l'amour, qui est de tous les pays, est si intelligent qu'il relie en quelques minutes Lisbonne avec Hasparren, voire même avec Ustaritz ! Au milieu de ce capharnaüm, des garçons affairés, des maîtres d'hôtel importants,

maniant des verres, sur lesquels leurs doigts,
dans la crasse tracés,

« Témoignaient par écrit qu'on les avait rincés. »

Des piles d'assiettes mal lavées s'étageant en
hautes et savantes pyramides ; une odeur de
cuisine vous prenant à la gorge ; la fumée sortant,
noire et aveuglante, des cheminées du vapeur, et
saupoudrant les plats en guise de sel. Horrible
mélange qui aurait donné un magnifique pendant
au beau « songe d'Athalie », si Racine et la vapeur
avaient été contemporains !

Gorée, petite île à deux milles de Dakar, ou si
l'on aime mieux, gros navire au milieu des mers,
est le siége du Tribunal, des principales maisons
de commerce et le centre le plus actif des transactions avec la côte du Sud : commerce d'arachides, de gomme, etc....

Cette île, conquise en 1677 sur les Hollandais,
avec les comptoirs de Joal, de Portudal et de
Rufisque, nous appartient depuis cette époque. Ce
n'est en réalité que de 1858 que date la rapide et
grande extension de nos possessions du Cap Vert.
Sous le gouvernement du général Faidherbe, la
presqu'île fut occupée : le génie militaire avait
tracé le plan de Dakar, au fond de la rade, et la
ville s'éleva rapidement.

En même temps, pour protéger nos traitants contre les vexations des rois du Cayor, du Sine et du Saloum, une expédition fut décidée. Dès 1679, le célèbre Ducasse avait imposé aux noirs de la côte un traité qui donnait à la France la suzeraineté du pays, depuis le Cap Vert jusqu'à la rivière du Saloum, c'est-à-dire jusqu'à la pointe de Sangomar. Ce traité demeuré lettre morte, fut mis à exécution : le général Faidherbe, à la tête d'une colonne expéditionnaire et d'un corps de volontaires, parcourut le pays, détruisit les bandes armées des chefs hostiles, et assura à nos établissements la tranquillité nécessaire : malheureusement cette paix devait être plus d'une fois troublée par ces populations rebelles à toute domination, impatiente de tout joug étranger.

Au sommet de l'îlot s'élève la forteresse, appelée le « Castel », et qu'occupe une petite garnison. Les rues étroites, tortueuses et escarpées font songer au chemin montant, sablonneux, malaisé de La Fontaine, et se transforment, de dix heures du matin à cinq heures du soir, en de véritables fournaises : aussi, lorsqu'une épidémie éclate à Gorée, l'île, où s'entasse une population de nègres relativement considérable (2500 habitants) devient-elle un foyer d'infection des plus dangereux, et la petite colonie blanche est-elle obligée d'émi-

grer au plus vite et d'aller demander à un coin de
la côte une hospitalité plus écossaise.

C'est aussi à Gorée qu'est le palais de la maladie :
l'hôpital. Mieux, beaucoup mieux organisé que
celui de St-Louis ; appartements vastes et aérés,
donnant la plupart sur la mer ; galeries spacieuses.
argamasses dominant l'île ; service bien organisé,
enfin propreté parfaite. Quand, hélas, est arrivée
votre dernière heure, on vous met entre les tra-
ditionnelles quatre planches et un canot du port
vous mène à Dakar, où sera votre dernière
demeure, à l'ombre d'un cocotier et sous un sable
brûlant, si toutefois les nègres chargés de votre
transport, ne vous donnent pas, par leur maladresse,
l'estomac d'un requin pour asile funéraire.

Et puisque nous en sommes à ce lugubre sujet,
déplorons qu'on n'ait pas construit à Dakar une
infirmerie, une simple ambulance même, destinée à
recevoir les officiers malades ! Ce vice capital de
cette horrible déportation de Dakar, a fait et fera
toujours des victimes dans la population blanche.
Je l'explique en deux mots : un officier tombe
malade ; aussitôt, visites du médecin de service,
soins assidus de sa part, etc..., je le veux bien.
Quand le mal s'aggrave, quand le médecin a
reconnu urgent de le faire entrer à l'hôpital, c'est
alors au tour du malade à ne pouvoir plus y aller :

on a trop attendu, et, faute d'avoir reçu les soins des sœurs hospitalières, d'infirmiers sédentaires. ces soins de toutes les minutes qui conjurent la maladie, il expire souvent avant d'avoir pu regagner ce lointain hôpital de Gorée, dont toute une traversée (en canot à voiles !) le sépare, et qu'il était réduit à appeler de tous ses vœux, dans le paroxysme de la souffrance !

Autre inconvénient grave : pourquoi ne pas avoir établi, entre Dakar et Gorée un service de bateaux à vapeur, qui faciliterait les relations et aurait l'immense avantage de pouvoir transporter à l'hôpital les officiers malades, et cela dès le début de l'invasion de la maladie ?

Toulon est relié à St-Mandrier par un vapeur ; Lorient est en constante communication avec Port-Louis, et cela en France, et cela à proximité de tous les secours, au milieu d'un nombre relativement considérable de médecins. Et aux colonies, sous ce climat meurtrier du Sénégal, l'autorité supérieure n'a pas encore vu l'importance, la nécessité absolue de l'établissement de ce service à vapeur, qui cependant est réclamé, nous le savons, depuis longtemps, par les différents chefs du service de santé qui se sont succédé dans le 2e arrondissement de Dakar. Il est enfin temps d'abandonner des utopies, de renoncer à la poursuite de projets qui ne peuvent être que des mythes, pour s'occuper du nécessaire et du positif. Vous voulez réorganiser le Sénégal, vous voulez en faire une colonie florissante et puissante ; ayez donc d'abord souci de la santé des malheureux qui y gémissent et qui ne demandent qu'une consolation à leurs maux : des soins immédiats. La fièvre jaune, les insolations, la fièvre bilieuse n'attendent pas : elles forcent leurs victimes à souscrire de terribles billets que, faute de paiement immédiat, elles s'empressent de faire protester.

Sortons de l'hôpital pour aller au cimetière. Les enterrements des noirs présentent une couleur tristement locale, si je puis m'exprimer ainsi : le cercueil, revêtu d'un drap blanc, est porté par quatre noirs dont le *boubou*, blanc aussi, tranchant sur leurs visages d'encre, représente avec assez d'exactitude les draps mortuaires lamés d'argent dont on se sert dans nos églises de France. Et, chose essentiellement bizarre et qui dénote chez le noir du Sénégal une sauvagerie inaccessible à tout essai de civilisation, la famille du défunt *loue*, pour la circonstance, un chanteur public, qui accompagne le cortége ; courant derrière le cercueil, ce *griot* jette des notes discordantes et lugubres, et, en voulant pleurer sur le mort, fait croire aux passants étrangers à cette

coutume, que la famille et les amis sont enchantés
d'être débarrassés de celui qu'ils portent en terre.
Chacun pleure comme il peut !

Arrivés au cimetière, les assistants entourent la
tombe, et le chanteur déjà nommé exécute des
entrechats de joie (tout en voulant pleurer, toujours),
avec un brio et un enthousiasme à réveiller celui
qui dort dans la fosse.

J'ai assisté un soir à un enterrement à St-Louis :
le cimetière des Maures (d'autres disent, horrible
pléonasme, des morts !) est planté de morceaux
de bois, assez élevés, et semblant autant de poteaux télégraphiques. Est-ce pour indiquer que la
mort a passé là avec la rapidité de l'électricité ?

Sur les grands bâtiments de l'hôpital de Gorée,
une nuit d'été tombait, criblée d'étoiles. Le dôme
rond, les longs toits rectilignes se détachaient,
comme d'immenses décompures noires, sur le fond
du ciel, d'un bleu clair. Des sœurs passaient,
graves, auprès des lits des malades. A travers les
fenêtres des salles, on apercevait vaguement des
lumières assoupies, éclairant à peine les longues
files de rideaux blancs. L'horloge de l'hôpital son-
nait, avec des vibrations lentes, laissant tomber
une à une dans l'éternité, les heures d'angoisse....
Un noir venait de mourir. On l'enleva aussitôt, sur
l'ordre du garçon d'amphithéâtre, c'est-à-dire de

l'infirmier-major. L'infirmier-major, la souveraine puissance dans tout hôpital, la puissance suprême, celle à qui tout aboutit comme au fossoyeur, l'infirmier-major, qui passe indifférent au milieu des réalités atroces de la mort, et qui traite la camarde sans façon, comme un marchand de légumes ses denrées !

Je suivis le cortége. Il arriva, bruyant et tapageur. Ceux qui portaient le cercueil couraient comme les porteurs de Florence. Des torches étaient allumées et jetaient sur ces masques noirs des reflets étranges : mon cœur se serra, quand je vis la bière descendre, blanche et silencieuse, dans cette fosse entourée de draps de lit mouvants. Je pensai à René, et je cherchai Atala.... Elle se présenta à moi sous la forme d'une affreuse négresse ridée, dont les coudes anguleux faillirent me traverser le bras. Elle avait un ricanenement infernal, éclairé par la flamme rougeâtre des torches qu'elle tenait dans sa main crochue : ses yeux glauques regardaient le cercueil maintenant posé dans le fond du trou béant, et elle se mit à pousser un cri aigu et plaintif, auquel répondirent tous les assistants, et qui fut pour le *griot* le signal de ses chansons lugubrement comiques. J'appris plus tard que j'étais à côté d'une des femmes du mort. Cette noire mégère avait la douleur sinistre.

La métropole a enfin daigné jeter un regard de compassion sur ce malheureux Sénégal, presque abandonné de Dieu et entièrement des hommes, jusqu'à aujourd'hui : elle a résolu de doter ce pays d'un chemin de fer, dans le but de joindre St-Louis aux principaux villages qui l'entourent et surtout à Dakar.

Déjà des commissions se sont réunies pour tracer l'itinéraire ; des ingénieurs se sont présentés pour examiner la question sur les lieux, et de toutes ces combinaisons, de tous ces plans, a surgi l'idée de faire traverser le Sénégal par un chemin de fer sur une étendue de 225 kilomètres, de St-Louis à Dakar. J'ai pu étudier le projet officiel, et c'est, muni des renseignements que j'y ai puisés, que je puis en parler en connaissance de cause.

Il est bon de dire, tout d'abord, que St-Louis compte 15,000 habitants, et produit un trafic annuel de 60,000 tonnes métriques, au minimum. J'ai déjà parlé de la barre et de la difficulté qu'éprouvent les navires, de quelque tonnage qu'ils soient, à la franchir. Sur les côtes où débouche le fleuve « Sénégal » en effet, les marées n'ayant qu'une amplitude de 0^m90 à 1^m au maximum, il en résulte que les matières dont sont chargées les eaux du fleuve et celles qu'apportent le jeu des marées et la poussée des brisants, se déposent et forment cette barre à l'endroit où le courant du fleuve et le flot se rencontrent.

La barre du Sénégal est une des plus mauvaises barres connues, car elle amène fréquemment des interruptions de communication entre le chef-lieu et l'intérieur, qui durent quelquefois plusieurs mois consécutifs.

Mais, quand on considère que, à 260 kilomètres environ, vers le Sud, on trouve une grande rade foraine, formée par la presqu'île du Cap-Vert, on entrevoit immédiatement l'immense avantage qu'il y aurait, sous le rapport du mouvement commercial, à relier St-Louis, la capitale politique et commerciale du Sénégal, avec le port de Dakar-Gorée par une voie de communication assurant la régularité et la rapidité des transports entre ces deux localités, et, par suite, le débouché de tout le bassin du fleuve Sénégal.

Quelques observations sur le terrain que va traverser la ligne.

En sortant de Dakar, on rencontre une dune mouvante qui s'étend sur une longueur de rivage de 500 à 600 mètres environ. Cette dune se renforce chaque jour des apports de la plage et chemine dans la direction des vents régnants N.-S. C'est cette dune, drainée par des galeries souterraines, qui fournit les eaux potables nécessaires à la ville de Dakar et à son port.

En continuant sur Rufisque, on ne trouve que quelques dunes fixes et un plateau sablonneux assez régulier, coupé par les marigots (cuvettes assez larges) de Ham et de M'Bao. Ces deux marigots recueillent les eaux de l'hivernage et ne communiquent avec la mer qu'à de rares intervalles. A partir de ces marigots, la ligne s'élève à travers une forêt de *baobabs*, grands arbres pouvant servir chacun de case à toute une famille. Ces baobabs sont assez clair-semés jusqu'au col de Rufisque. De là, on redescend à la station de cette dernière localité, bâtie dans une anse baignée par la mer.

De Rufisque, le terrain sablonneux devient plus compacte , en se chargeant d'une proportion d'argile qui s'accentue plus fortement entre Rufisque et Sébikotane. Ici seulement on commence à rencontrer les affleurements de roches ferrugineuses qui sont des ramifications de la coulée constitutive du squelette de l'Afrique centrale et occidentale. Ces affleurements s'accentuent jusqu'à Thiès, et disparaissent un peu avant d'arriver à Tivaouame, village voisin. Entre Pout et Thiès, la proportion d'argile diminue, mais le terrain reste néanmoins compacte ; il se relève insensiblement d'abord, puis fortement pour atteindre le col de Thiès, que l'on franchit à l'aide d'une rampe exceptionnelle.

A partir de Tivaouame, on abandonne les affleurements ferrugineux qui se rapprochent de la chaine principale, laquelle enceint le Cayor, passe dans le Djiollof et va se ramifier aux montagnes qui bordent le lac de Mérinaghen. On se trouve ainsi dans un immense delta en forme de fer à cheval, dont le diamètre a pour longueur la distance de Tivaouame à Mérinaghen.

La ligne se continue ensuite jusqu'à St-Louis à travers des dunes et des marigots et au milieu d'un paysage aride, sablonneux, et qui, pour ne pas être le Sahara, n'en est pas moins monotone et triste.

La gare maritime de Dakar sera située au pied de la falaise sur laquelle est bâtie la ville ; elle occupera toute la portion de mer remblayée sur fonds de 1 mètre depuis l'établissement des sœurs jusqu'à la jetée de la vieille aiguade, et se trouvera ainsi à une distance moyenne de 600 mètres des jetées. La ligne se détache de la gare en courbe, et suit le rivage pour éviter les dunes mouvantes à l'Ouest de la ville ; elle gagne le plateau de Ham en traversant plusieurs dunes fixes, sans importance.

Il faut remarquer que les navires marchands qui pratiquent la haute mer continueront à accoster, bord à quai, le long des jetées du port de Dakar, qui ont un développement de 600 mètres environ, comme nous venons de le dire, avec un tirant d'eau qui varie de 4 à 10 mètres en basses mers, ainsi que l'expriment les courbes du sondage du plan général. Ces jetées pouvant desservir un mouvement de 300 tonnes de jauge par mètre courant de quai, suffiront largement pendant long-temps au développement du trafic du chemin de fer.

Elles seront reliées à la gare maritime par des voies de triage disposées de manière à réaliser les deux conditions indispensables aux opérations de la marine commerciale, savoir la rapidité et l'éco-nomie des transbordements.

Nous ajouterons qu'un appontement avec voie ferrée, en tête de la gare maritime, de 200 mètres environ, pourrait, si jamais le besoin s'en faisait sentir, augmenter sensiblement le développement des quais de transbordement.

Quant à la gare de St Louis, elle sera établie à 1400 mètres à l'est de la ville, et sera desservie par la levée du pont Faidherbe, dite chaussée de Soor. Elle sera, en outre, mise en communication avec le fleuve à l'aide d'une voie de triage établie sur l'accotement de la chaussée de Soor, et qui entrera en rivière par deux appontements en charpente, pour que les marchandises destinées au haut-fleuve, ou en provenant, puissent être transbordées directement des chalands aux wagons et inversement.

D'après des calculs faits avec autant de clarté que de compétence par l'ingénieur en chef de la colonie, M. Walther, on peut prévoir que le mouvement commercial de St-Louis vers l'extérieur sera représenté en nombre rond par un trafic annuel de 30.000 tx à l'importation et de 33.000 à l'exportation. En admettant que ce tonnage soit dévolu complètement au chemin de fer, il en résulterait un remorquage journalier de 90 tonnes métriques de marchandises de St-Louis à Dakar et de 85 tonnes métriques de Dakar sur St-Louis.

Quant aux voyageurs, les peuples qui habitent le Sénégal sont si différents d'origine, de mœurs, et d'usages, qu'il est à peu près impossible de déterminer la production et le chiffre des voyageurs d'après la population des centres traversés par la voie ferrée, et, par suite, le voyageur et la tonne kilométrique. Cependant, il n'est pas douteux que St-Louis fournira chaque jour de 20 à 30 voyageurs de toutes classes pour Dakar et Gorée, soit que ces voyageurs proviennent du chef-lieu ou qu'ils soient en retour, et que le mouvement inverse se fera de Dakar et Gorée sur St-Louis.

Mais comment alimenter les machines, se demandera-t-on ?

En dehors de St-Louis et de Dakar, il sera très difficile de fournir de l'eau à bon marché aux machines, parce que les puits que l'on pourra ouvrir dans l'intérieur du pays auront une profondeur qui variera de 20 à 30 mètres. Il est vrai que depuis la découverte du pulsomètre, qui n'exige aucune installation pour sa mise en marche, on pourrait réaliser de grandes économies sur le système des pompes à feu. Néanmoins un pulsomètre qui donnerait 30 mètres cubes à l'heure et qui serait actionné directement par la vapeur de la machine du convoi, exigerait un stationnement de 15 minutes et ne coûterait pas moins de 3.000 fr.

C'est pourquoi il serait peut-être plus avantageux de supprimer les prises d'eau intermédiaires, et de faire tout le trajet de St-Louis à Dakar, et réciproquement, sans alimentation de route, en emportant de 7 à 8 mètres cubes d'eau dans un wagon-citerne qui se viderait au fur et à mesure des besoins dans les caisses à eau de la machine. Cette combinaison, bien qu'augmentant un peu le poids mort des convois, sera toujours préférable, tant que le trafic ne sera pas très-considérable, elle n'impose, du reste, d'autres dépenses que l'aménagement d'un truc en wagon-citerne, et l'adjonction d'un tuyau réunissant ce wagon-citerne et les caisses à eau de la machine.

Quant à Rufisque, son tonnage est, parait-il, d'après des renseignements officiels, au minimum de 15,000 tonnes à l'exportation et de 4,000 à l'importation. Ensemble 19,000 tonnes. Pour établir le trafic appliqué à ce tonnage, nous remarquerons que la rade de Rufisque, constamment bouleversée par des raz-de-marée, n'est pas assez sûre pour que les navires puissent s'approcher sans danger de la côte. Ceux-ci se tiennent à une très-grande distance au large, et leur chargement ou leur déchargement est impossible une grande partie de l'année, mais en tout temps difficile, dangereux même, et surtout fort dispendieux.

Le chargement coûtant en moyenne 5 fr. par tonne métrique, c'est donc à ce prix, réduit à 4 fr. 50, pour tenir compte des manutentions à quai, à Dakar, que l'on devra transporter les marchandises de Dakar à Rufisque, et inversement, pour engager les négociants de Rufisque à utiliser le chemin de fer qui leur procurera un avantage direct : la rapidité et la régularité dans leurs transactions commerciales, sans leur coûter plus cher que la voie de mer. Il leur fera gagner aussi tout le temps employé à attendre les accalmies, et la valeur des marchandises perdues par les pirogues chavirées sous l'action des coups de mer.

Le chiffre de 4 fr. 50 correspond au prix de 0 fr. 16 par tonne métrique.

En présence de ces faits, nous estimons que la métropole et la colonie, qui ont l'une et l'autre le plus grand intérêt à la construction de ce chemin de fer, doivent affirmer leur foi dans l'opération en garantissant aux concessionnaires un revenu annuel minimum sur le premier établissement de la ligne à concéder pendant quatre-vingt-dix-neuf ans, d'après les clauses et conditions contenues dans la convention passée le 11 janvier 1877 entre le gouverneur général de l'Algérie et la Société de construction des Batignolles pour la concession de la construction et de l'exploitation des chemins de Guelma à la ligne de Constantine à Sétif, et de Duvivier à Souk-Arrhas, sous la réserve que la base de garantie serait de 8 %, au lieu de 6 %.

Le chemin de fer de Dakar à St-Louis présente un intérêt direct pour la colonie : il fera doubler en peu de temps ses ressources fiscales de douane, par l'augmentation du trafic et des productions du sol, et, point capital, le port de Dakar accessible en tous temps aux navires du plus fort tonnage, devenant par le fait de l'établissement du chemin de fer, le véritable port de St-Louis, la marine marchande, si digne d'intérêt, pourra enfin bénéficier du commerce du fleuve, tout en le développant.

Ce commerce, il faut bien le dire, est resté jusqu'à aujourd'hui l'apanage de quelques rares maisons de commerce, dont la fortune s'est accrue en peu d'années dans de fabuleuses proportions, par l'emploi d'un matériel de navigation exceptionnel pour franchir tant bien que mal la barre du fleuve.

Quant à l'intérêt de la métropole, bien que d'un autre ordre, il n'en est pas moins évident, et nous croyons utile d'insister, pour que chacun comprenne le rôle politique et militaire de cette voie ferrée, dont la construction assurera à tout jamais la pacification de toutes les peuplades noires qui nous séparent de nos possessions de la côte et du Cap Vert, et cela au grand profit de l'agriculture et du commerce. On peut, en effet, assurer dès aujourd'hui que cette voie deviendra par la force même des choses, et cela dans un avenir prochain, le plus utile instrument de prospérité et de richesse pour la plus ancienne, et, hâtons-nous de le dire, la plus arriérée des colonies françaises.

Dans deux ans, donc, au plus tard, la vapeur, maîtresse du Sénégal, jettera ses longs panaches de fumée à travers les sables du désert et, au grand ébahissement des noirs, reliera en quelques heures deux villes qui ne demandent, depuis longtemps, qu'à se donner la main. L'avenir de Dakar est, dès lors, assuré et St-Louis n'aura plus qu'à se bien tenir, car il n'aura plus que l'importance d'un simple poste, réduit à pleurer sa grandeur passée. C'est donc le moment pour les « Européens », d'acheter à Dakar, et tout le long du parcours de la voie, des terrains qui aujourd'hui se donneraient pour quelques *gourdes*, (pièces de 5 fr.) et qu'ils revendraient bientôt avec de sérieux bénéfices. Avis aux amateurs, et en voiture pour le Sénégal. Dakar, cinq minutes d'arrêt ! Pas de buffet.

Nous ne voudrions pas critiquer les actes du gouvernement du Sénégal, car la critique est aisée et nous savons que l'art est, surtout ici, difficile. Mais, comment ne pas s'étonner de voir qu'on s'est occupé du chemin de fer qui devait relier St-Louis avec Ba-fou-labé, village perdu dans le centre de l'Afrique et à 200 lieues au moins du chef-lieu, comment ne pas s'étonner, dis-je, de voir le projet de cette voie ferrée mis à l'étude *avant* celui dont nous venons de parler ? Y avait il un intérêt majeur à correspondre par le chemin de fer avec Ba-fou-labé et tout le haut du fleuve, quand les relations entre St-Louis et Dakar restaient en souffrance, faute de communication directe ? Pourquoi, en un mot, la priorité du chemin de fer de St-Louis à Ba-fou-labé sur le premier ?

On se l'est vainement demandé et on s'est borné à regretter l'engloutissement de capitaux considérables dans une entreprise sinon impossible, du moins bien périlleuse, et c'est avec peu d'espoir de réussite que l'on a vu partir pour le haut-fleuve des ingénieurs, des employés du télégraphe, etc... les uns pour étudier un itinéraire possible dans les sables et à travers les marigots de ce pays abandonné, les autres pour frayer une voie à l'électricité au milieu de peuplades absolument sauvages et qui devaient fatalement apercevoir le « mauvais esprit » dans ces fils et ces poteaux qui, dès le début du moins, servirent de cible à leur adresse,

Les craintes se sont heureusement dissipées lorsque l'on a appris (quand à la méfiance des noirs a succédé le raisonnement) la bonne réussite du télégraphe parmi eux : effrayés d'abord, ils ont fini par comprendre qu'on ne leur voulait pas de mal, et aujourd'hui on communique en quelques heures avec ces pays reculés et sauvages : c'est ainsi que récemment on a eu, après un long silence de leur part, des nouvelles de trois officiers partis de St-Louis en février 1880 pour aller explorer ces terres et y porter le drapeau français : le chef de cette mission, le capitaine Galliéni, dont l'énergie et la bonne volonté passionnées sont admirées de tous, a directement appris aux Sénégalais qu'il existait encore, ce dont ils commençaient réellement à douter.

Je terminerai cette petite esquisse sénégalaise en disant quelques mots de ce qu'on appelle la « côte », territoire sur lequel plusieurs maisons de commerce possèdent des comptoirs.

C'est d'abord, dans la direction du nord-est, Rufisque, entrepôt commercial important, et présentant une animation extraordinaire pendant la saison de la « traite ». De longues filés de chameaux chargés de sacs d'arachides, sillonnant les rues ; les indigènes, vêtus de leurs boubous parcourant toute la gamme des couleurs les plus variées ; les Maures arrivant par caravanes et venant mêler leur type algérien au nez épaté et aux cheveux crépus des Yolofs ; et, soufflant par dessus tout cela, un esprit mercantile, une soif de gain insatiable : voilà Rufisque, un Caire *sui generis*. Puis viennent Portudal, Nianing, Joal, charmant petit village noir caché derrière un rideau de verdure, et où certainement l'imagination poétique d'Alexandre Dumas aurait vu des bananiers, en fleurs, à l'ombre desquels il aurait suspendu des hamacs.

Il ne serait par juste, en parlant de Joal, d'oublier N'Gazobil, village rehaussé par l'existence de la mission des Pères du St-Esprit : un vaste établissement offre aux jeunes gens du pays une instruction solide, qui peut même les mener jusqu'au sacerdoce.

J'arrivai à N'Gazobil le 18 mars dernier, et j'eus l'honneur d'y rencontrer Mgr Duboin, évêque du Sénégal et de la Gambie : ce prélat voulut bien me faire visiter lui-même la mission, avec toute l'amabilité et la grâce qui l'ont fait apprécier depuis bien longtemps dans le pays qu'il administre au point de vue religieux : des ateliers d'imprimerie, de fabrication d'huile, de fabrication de bière, etc, emploient plusieurs Frères et permettent d'utiliser les aptitudes de chacun. La chaussure servant à tout le personnel de l'établissement est aussi fabriquée par les prêtres, et quand ces missionnaires ont soif, une excellente bière, également du cru, (voir plus haut) vient aussitôt les désaltérer. A midi, la cloche nous appela au réfectoire, où je trouvai une soixantaine d'enfants noirs. On récita le *Benedicite*, et tout ce petit peuple ne fut pas long à faire une razzia complète de ce qui lui était servi : couscous, bananes, bouillabaisse, etc....

Je constatai que l'on n'était pas à plaindre à N'Gazobil, même le vendredi. Après le repas,

Monseigneur mit gracieusement à ma disposition un excellent petit cheval du pays, avec un petit élève noir qui devait m'accompagner par terre, à Joal.

Nous partîmes à deux heures ; un sentier tracé au milieu des broussailles calcinées par les 45° de ces contrées ; le silence le plus absolu, troublé de temps en temps par le cri peu encourageant du chacal ou du chat-tigre ; à quelques mètres, la mer, calme et bleue, étendant au loin ses franges d'écume argentée. Un quart d'heure après, j'étais à Joal, posté occupé par une douzaine de soldats d'infanterie de marine s'adonnant uniquement, dans cette Capoue nouvelle, à la culture d'un très-beau jardin potager.

Mon bateau était « paré » comme on le dit en marine, et mes noirs faisaient des signes désespérés, tant ils étaient impatients d' « appareiller ». Nous partîmes ; nous doublâmes la pointe de Sangomar. Le voilier filait 6 nœuds à l'heure, sous l'action d'un vent de nord carabiné ; 48 heures plus tard, le hameau de Fondiourgne, perdu au milieu du Saloum, sur la rive droite du fleuve du même nom, se présenta à moi. Une hospitalité charmante me fut offerte chez M. Uchard, représentant de la maison Maurel et Prom, dont les gérants se montrèrent pour moi, du reste, tout le long de la côte, d'une complaisance et d'une amabilité dont le manque de ressources de ces contrées doublèrent le prix.

Je m'arrête étant arrivé, n'en déplaise à Christophe Colomb, au bout du monde : cette partie de l'Afrique devrait s'appeler le « Finistère », car c'est évidemment la fin de la terre... civilisée relativement. Plus loin, ce doit être le néant, l'abomination de la désolation....,

Mon temps d'exil prit fin le 12 mai, jour où, à la suite d'une insolation des plus violentes, je fus expédié vers la France : ce fut avec une vraie joie que je quittai cette terre inhospitalière, et que j'embarquai sur le paquebot le *Sénégal*.

Après une traversée qui eut pour rayons de soleil une cinquantaine d'yeux noirs andalous, nous touchames à Lisbonne, que nous ne pumes malheureusement pas visiter, à cause de la quarantaine qui nous tenait rivés au paquebot, quarantaine aussi fantaisiste qu'inutile puisque la santé générale était bonne et qu'on aurait parfaitement pu nous délivrer la libre pratique : nous dumes nous contenter d'admirer de loin la ville du Camoëns, dominant fièrement l'entrée du Tage ; nous fumes aussitôt entourés par une flottille de petites embarcations pleines d'oranges, de fleurs, de fruits de ce pays du soleil, fruits que les jolies dents espagnoles croquaient avec une maëstria qui défiait le mal de mer. Les autorités portugaises nous délivraient enfin notre patente, et 6 heures après nous levions l'ancre.

La traversée de Lisbonne à Pauillac dura trois jours : là un petit vapeur de la Compagnie vint nous prendre, et, après le transbordement des bagages, nous remontames la Gironde, dont les bords charmants, semés de cottages perdus dans la verdure, vinrent reposer nos yeux fatigués de l'éternel sable jaune du Sénégal.

Enfin Bordeaux se montra, avec ses Quinconces légendaires : l'« assent » du crû se fit entendre et ce fut avec un bonheur oxydé d'enthousiasme que je foulai le sol de la France, après 20 mois de déportation.... administrative.

Un souhait, et je termine.

J'appelle de tous mes vœux pour ceux de mes camarades et autres qui seront dans l'avenir, appelés à servir au Sénégal, la mesure bienveillante qui viendra réduire à dix-huit mois ou un an le temps à passer dans cette colonie : ces deux années, en effet, sont deux siècles pendant lesquels l'intelligence s'atrophie fatalement, et qui non-seulement débilitent le corps mais encore « anémient » l'esprit, si je puis m'exprimer ainsi.

La Cochinchine, la Guyane, Mayotte et Nossi-Bé

ont des inconvénients sérieux, je n'en disconviens pas ; mais elles n'ont pas ce soleil torride et brûlant qui, à la longue, vous conduit à la folie ; mais elles n'ont pas cet immense ennui, ce spleen capable de tuer le plus flegmatique des Anglais, cette monotonie, en un mot, qui peu à peu dégénère en une sorte d'hypnotisme intellectuel !...

Morale de l'histoire : Le meilleur moyen de se réveiller de cet hypnotisme, ou plutôt de ne pas s'y endormir,.... c'est de n'y pas aller. Le devoir seul doit nous y appeler.

FIN.